Angelika Glitz

Geschichten vom wilden Piraten

Illustriert von Alexander Bux

www.leseloewen.de

ISBN 978-3-7855-8116-2
1. Auflage 2015
© Loewe Verlag GmbH, Bindlach 2015
Umschlagillustration: Alexander Bux
Reihenlogo: nach einem Entwurf
von Angelika Stubner
Printed in Italy

www.loewe-verlag.de

Inhalt

Knackwürste in Not

Kalle Knackwurst, der , aß

nichts lieber als . Sein ,

der , kochte die besten auf

der . „Was für ein ! Ich bin

der glücklichste auf dem “,

sagte Kalle. Doch einmal

dampften die auf den .

Da rief sein 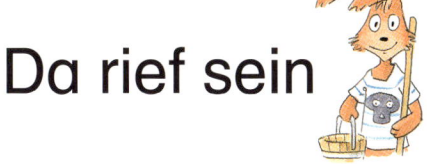 : „Pfui  !"

„Gegessen wird, was auf den

kommt", sagte Kalle. „Nö, ich

will  ", sagte der  . „Sonst

nix." Und tatsächlich: Der  aß

nicht eine  mehr.

Bald knurrte sein  und er

wurde zu schlapp, um  mit

zu öffnen. „Was tue ich nur?", rief

Kalle. „Woher soll ich auf dem

denn 🥕 nehmen und nicht stehlen?"

„Genau, stehlen musst du sie",

sagte der  und kratzte sich die  .

„Bist schließlich ein  ." Also

überfiel  Kalle jedes  , das

seinen  kreuzte.

Aber die *Beschwipste*  hatte

nur  voller  geladen. Die

Süße  hatte nichts als

und  in den  . Und auf

dem *Gefräßigen*  gab es nur

ein paar hungrige  .

Kalle heulte wie ein . Da

sah er eine  mit einem  :

„Frisches  , heute günstig!"

Die 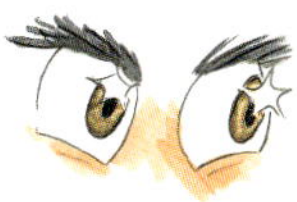  von Kalle blitzten.

Er nahm fünf  aus seiner

und kletterte in sein  . Bald

kehrte er mit drei  voller

frischer  zurück.

Der  strahlte breit. Er hatte

schon den  gedeckt. Sogar

mit  ! „Sieh mal an", sagte

Kalle. „Wenn ein  etwas nicht

stehlen kann, muss er es sich

kaufen."

Kein Wind in den Segeln

„Meine  wird heute 83", sagte

Kalle Knackwurst. „ , kannst du

83 für sie kochen?" Natürlich

konnte der das. Kurz darauf

band Kalle eine um die .

„Und jetzt hiss die , lieber .

Und mach die los!"

Aber die 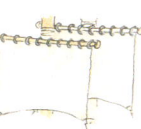 hingen an den

wie schlaffe  . Kalle seufzte:

„Ohne  kommen wir nie bei

an. Beim  ! Tu doch was,  !"

„Ich tu doch was", sagte der .

Er legte sich in die 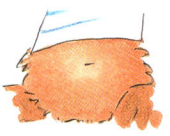 und

sonnte seinen . „Hätte ich nur

ein 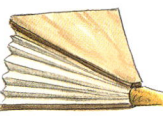!", rief Kalle. Dann holte

er , einen 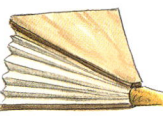 und ein .

Er baute eine 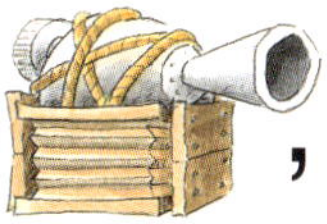 , die  machen

sollte. „, volle ", rief er. Es

knallte. Die 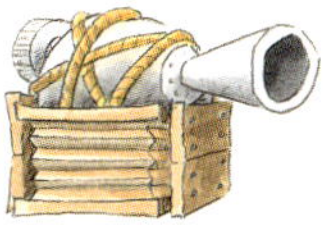 explodierte. „Oh,

tu doch was, ", bettelte der  .

„Ich tu doch was", sagte der  und

schenkte sich  in eine  .

Da zog Kalle seine  an. Er sprang

ins 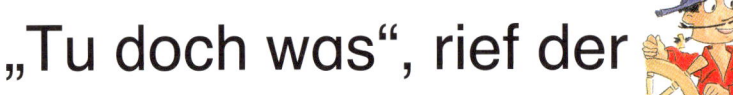, um das  anzuschieben.

Leider konnte Kalle nicht gut

schwimmen. Er schluckte .

„Tu doch was", rief der .

„Ich tu doch was", sagte der  .

„Ja, was denn?", fragte Kalle.

„Abwarten", sagte der  . Da

schob sich eine  vor die  .

Das  kräuselte sich. Der

blähte die 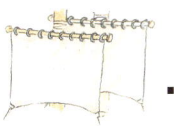 .

Das  wurde schnell wie ein .

Bald erreichten sie den , an

dem die  schon wartete. Der

sang: „Wie schön, dass du geboren

bist und mit uns heute  isst!"

„Sieh mal an", sagte Kalle und

küsste seine  . „Wenn ein

etwas nicht ändern kann, muss

er nur abwarten und

trinken."

Flagge über Bord

Kalle, der , räkelte sich in

der . Er streckte die

zum . Da traf ihn fast der .

Er rief: „ ! Hopp, hopp an !

Was sehen deine ?" Kalle

zeigte zum . Der schaute

durch das .

24

„Eine , die eine  macht",

sagte er. „Aha, und was sehen

deine  nicht?" – „Unsere ",

sagte der . „Sie muss ins

geweht sein." – „Wir brauchen sofort

eine neue  am  !", rief Kalle.

Sie trugen weiße , elf

und  aufs . Der  spuckte

in seine . Der  spuckte in

seine . Und schon legten sie

los. Der  malte eine .

„Was soll denn das sein?", fragte

Kalle. „Etwa ein  mit  ?"

Kalle malte eine  . „Was soll

das denn sein?", fragte der  .

„Etwa eine  mit  ?"

Sie bemalten fünf weitere  .

Aber keines ähnelte einer  .

Da seufzte der  laut wie der  .

Und der  zupfte sich am  .

Dann tauchte er den  in die

und malte krakelige **ABC** .

„Ein  ", lobte der  .

Bald flatterte die  am  .

„Schön wie eine ", sagte der  .

„Sieh mal an", sagte Kalle und

tanzte mit dem  um den  .

„Wenn ein  nicht malen kann,

sollte er schreiben können."

Alles klar zum Entern!

Die  ging auf, da entdeckte

Knackwurst ein am . Durch

sein sah er die flattern.

„Unsere ist schön", sagte er.

„Aber die dort ist schöner. ,

mach die klar." Bald schon

hatten sie das erreicht.

Sie warfen die  . „Hallo", sagte

die  , die Wilde Gunhilde hieß.

„Seid ihr aber schicke  ", sagte

die  , die Süße Mary hieß. „Wollt

ihr mit uns essen? Es gibt

geraspelt und  mit  ."

„Ja, ja, ja", rief der  . „Gibt es

auch  ?", fragte Kalle

Knackwurst. „Riesige  !", rief

die Wilde Gunhilde. „Die

können wir später noch mopsen",

flüsterte Kalle dem  zu.

Schon saßen beide  am  .

Doch da kicherte Gunhilde. Mary

warf ein  über die  . Kalle und

der   zappelten wie  im ⬚ .

„Das kommt davon, wenn man

hilflose  überfällt", sagte

Gunhilde. „Sollen wir sie den

vorwerfen?", fragte Mary.

„Erbarmen", rief Kalle. „Wir wollten

doch nur eine kleine  stehlen."

Gunhilde schnaubte wie ein

und Mary spuckte auf die  .

„Wenn man etwas haben möchte,

muss man freundlich fragen!"

„Äh", machte Kalle. „Könnten wir

eure  haben?" – „Bitte", sagte

der  . „Na, geht doch", sagte

Gunhilde. Sie öffnete eine  .

Dort lagen wohl 100  –

gebügelt und gefaltet.

Eine schenkte sie den . Dann

aßen sie, bis ihnen die  von

den  sprangen. „Aha", sagte

Kalle. „Sogar für einen  ist es gut,

Bitte zu sagen." – „Ja", sagte der .

„Als  lernt man immer wieder viel!"

Die Wörter zu den Bildern:

 Piraten-
kapitän

 Tisch

 Knackwürste

 Mohrrüben

 Matrose

 Bauch

 Hase

 Dosen

 Welt

 Ohren

 Meer

 Pirat

 Teller

 Schiff

 Qualle

 Weg

 Fässer

 Insel

 Rum

 Schild

 Nixe

 Gemüse

 Schokolade

 Augen

 Bonbons

 Goldmünzen

 Schränke

 Schatzkiste

 Hai

 Ruderboot

 Fliegen

 Säcke

 Seehund

 Kerzen

 Oma

 Motorboot

 Schleife

 Bretter

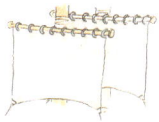 Segel

 Blasebalg

 Leinen

 Tau

 Masten

 Maschine

 Socken

 Kanone

 Wind

 Tee

 Seeungeheuer

 Tasse

 Hängematte

 Badehose

 Segelschiff

 Fernrohr

 Wasser

 Möwe

 Wolke

 Kackwurst

 Sonne

 Piratenflagge

 Strand

 Hemden

 Nase

 Pinsel

 Himmel

 Farbe

 Schlag

 Hände

 Deck

 Pfoten

 Waschlappen

 Matrosin

 Banane

 Soße

 Bart

 Netz

 Buchstaben

 Fische

 Kunstwerk

 Planken

 Horizont

 Truhe

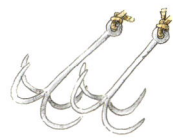 Enterhaken

 Knöpfe

 Piratin

 Hosen

Angelika Glitz wurde 1966 in Hannover geboren, studierte in Münster und arbeitete ein paar Jahre in der Werbung. Heute lebt Angelika Glitz mit ihrer Familie in der Nähe von Frankfurt und tut das, was sie eigentlich schon immer tun wollte: Kinderbücher schreiben. Außerdem erfindet sie Geschichten für Theater, Rundfunk und Fernsehen.

Alexander Bux, 1970 in Augsburg geboren, war als Kind leidenschaftlicher Monster- und Drachenmaler. Er hat Grafikdesign mit den Hauptfächern Illustration und Typografie studiert. Jetzt lebt er mit seiner Familie in Hamburg und illustriert mit großer Freude Kinderbücher.

ISBN 978-3-7855-8082-0

ISBN 978-3-7855-8119-3

ISBN 978-3-7855-7981-7

ISBN 978-3-7855-8017-2

ISBN 978-3-7855-7621-2

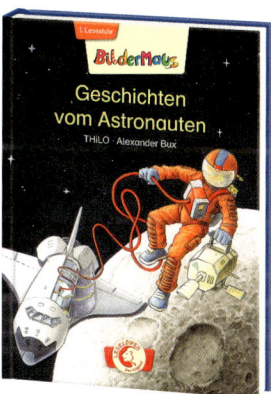

ISBN 978-3-7855-7694-6

In der Reihe *Bildermaus* erzählen spannende Geschichten von den Abenteuern einer liebenswerten Figur, von einem tollen Schauplatz oder von den schönsten Festen des Jahres. Im Text werden alle Hauptwörter durch kleine Bilder ersetzt, die schon Kinder ab 5 Jahren beim gemeinsamen (Vor-)Lesen erkennen und benennen können. Mit der *Bildermaus* wird das Lesenlernen zu einem echten Vergnügen!